BEI GRIN MACHT SICH IHR WISSEN BEZAHLT

- Wir veröffentlichen Ihre Hausarbeit, Bachelor- und Masterarbeit

- Ihr eigenes eBook und Buch - weltweit in allen wichtigen Shops

- Verdienen Sie an jedem Verkauf

Jetzt bei www.GRIN.com hochladen und kostenlos publizieren

Bibliografische Information der Deutschen Nationalbibliothek:

Die Deutsche Bibliothek verzeichnet diese Publikation in der Deutschen Nationalbibliografie; detaillierte bibliografische Daten sind im Internet über http://dnb.dnb.de/ abrufbar.

Dieses Werk sowie alle darin enthaltenen einzelnen Beiträge und Abbildungen sind urheberrechtlich geschützt. Jede Verwertung, die nicht ausdrücklich vom Urheberrechtsschutz zugelassen ist, bedarf der vorherigen Zustimmung des Verlages. Das gilt insbesondere für Vervielfältigungen, Bearbeitungen, Übersetzungen, Mikroverfilmungen, Auswertungen durch Datenbanken und für die Einspeicherung und Verarbeitung in elektronische Systeme. Alle Rechte, auch die des auszugsweisen Nachdrucks, der fotomechanischen Wiedergabe (einschließlich Mikrokopie) sowie der Auswertung durch Datenbanken oder ähnliche Einrichtungen, vorbehalten.

Impressum:

Copyright © 2018 GRIN Verlag
Druck und Bindung: Books on Demand GmbH, Norderstedt Germany
ISBN: 9783668967175

Dieses Buch bei GRIN:

https://www.grin.com/document/478166

Dominik Conrad

Marktanalyse für ein Fitnessstudio im Premium-Segment

GRIN Verlag

GRIN - Your knowledge has value

Der GRIN Verlag publiziert seit 1998 wissenschaftliche Arbeiten von Studenten, Hochschullehrern und anderen Akademikern als eBook und gedrucktes Buch. Die Verlagswebsite www.grin.com ist die ideale Plattform zur Veröffentlichung von Hausarbeiten, Abschlussarbeiten, wissenschaftlichen Aufsätzen, Dissertationen und Fachbüchern.

Besuchen Sie uns im Internet:

http://www.grin.com/

http://www.facebook.com/grincom

http://www.twitter.com/grin_com

Deutsche Hochschule für
Prävention und Gesundheitsmanagement
Hermann Neuberger Sportschule 3
66123 Saarbrücken

Hausarbeit (kollektive Prüfungsleistung)

Name, Vorname	Conrad, Dominik

Modul	Marketing I
Studiengang	Fitnessökonomie

Studienort	München
Gruppe bzw. zu bearbeitende Stadt	Dortmund
Unternehmenstyp	Premium-Segment

Inhaltsverzeichnis

1 MARKTBESCHREIBUNG / -ANALYSE 3

1.1 Allgemeine Informationen über den Unternehmenstyp 3

1.2 Lage und Standort des Unternehmens 3

1.3 Bestimmung von zwei Marktgebieten 4

1.4 Makroumfeldanalyse und Abschätzung des Marktpotenzials 5

1.5 Wettbewerbsanalyse 8

2 MARKETINGPLANUNG 8

2.1 Budgetplanung 8

2.2 Kommunikationspolitik 8

2.3 Werbeplanung 10

2.4 Kostenkalkulation / Budgetbergleich bei der Werbeplanung 11

2.5 Synergieeffekte im Rahmen der Kommunikationspolitik 11

3 ABSCHLUSSSTATEMENT 12

4 LITERATURVERZEICHNIS 13

5 ABBILDUNGS- UND TABELLENVERZEICHNIS 14

5.1 Abbildungsverzeichnis 14

5.2 Tabellenverzeichnis 14

1 Marktbeschreibung / -analyse

1.1 Allgemeine Informationen über den Unternehmenstyp

Die Hauptzielgruppe meines Premium-Studios sind alle 18-65-Jährigen, die gerne etwas mehr Geld für ihre Gesundheit ausgeben (>80€ pro Monat), um eine dementsprechende Leistung (Betreuung) zu bekommen. Bei uns wird jeder an die Hand genommen um sein persönliches Ziel zu erreichen! Es wird vorrangig der gesundheitsorientierte Bereich angesprochen, jedoch sind auch alle Leistungssportler herzlich willkommen. In meinem Premium-Studio geht es um den Spaß am Sport, den alle miteinander in familiärer Atmosphäre teilen sollen.

Am Markt möchte ich unser Studio in der Oberklasse positionieren, denn wir bieten für unseren Preis auch dementsprechend mehr Leistung an. Wir bieten immer die neusten Kurse an und unsere Geräte sind immer auf dem neusten Stand. Bei uns zahlt man nur für etwas, das man auch bekommt. Jedes Mitglied wird individuell beraten und betreut. Eine Mitgliedschaft im Studio ähnelt einem Prestige.

Tab. 1: Unternehmenspolitik

Produktpolitik	➢ Hohe Qualität (der Ausstattung und des Service) ➢ Mitgliedschaft als „Prestige" ➢ Alles, was der Gesundheit guttut ➢ „Rund-um-die-Uhr-Betreuung" ➢ Individueller Nutzen der Mitglieder
Preispolitik	➢ Einen Mitgliedsbeitrag für alle, d.h. alle sind gleich / werden gleichbehandelt (ausgenommen Schüler Studenten für 50€/Monat) ➢ Preis wird durch hohe Produktqualität und Nutzen gerechtfertigt
Distributionspolitik	➢ Es gibt mehrere Filialen in anderen Großstädten, in denen auch trainiert werden kann (kostenlos) ➢ Studio ist gut (auch mit öffentlichen Verkehrsmitteln) zu erreichen ➢ Große Fläche / genug Platz

1.2 Lage und Standort des Unternehmens

Der exakte Standort meines Studios ist die Borussiastraße 112 in Dortmund. Das Studio ist im Westen von Dortmund zwischen den zwei Stadtbezirken Dortmund-Oespel und Dortmund-Kley platziert. Der Standort ist am Rand eines Industriegebietes, somit kommen jeden Tag sehr viele Menschen in Kontakt mit dem Studio. Die Stadtbezirke Oespel und Kley weisen eine erhöhte Kaufkraft (im Vergleich zum Durchschnitt in

Dortmund) auf, die Arbeitslosenquote ist im Vergleich zum Dortmunder Durchschnitt gering, und der Anteil der 18-65-Jährigen ist hoch (Stadt Dortmund, 2015). Außerdem hat der Standort eine sehr gute Verkehrsanbindung. Zu den 2 nächstgelegenen S-Bahn-Stationen benötigt man zu Fuß nur etwa 10 bzw. 15 Minuten. Des Weiteren befindet sich direkt in der Nähe das Autobahnkreuz Dortmund-West (Autobahnanbindung). In der Nähe befinden sich außerdem einige Arzt- und Physiotherapie-Praxen, welche eine Option für Kooperationen dienen könnten.

Innerhalb der Gruppe haben wir uns dafür entschieden, unsere 5 Studios in die 5 Gebiete Zentrum, Norden, Osten, Süden und Westen zu verteilen. Damit bezwecken wir eine größt mögliche Abdeckung der Stadt Dortmund. Speziell für meinen Unternehmenstyp Premium-Studio habe ich den Standort gewählt, da hier eine erhöhte Kaufkraft vorliegt und es eine sehr gute Verkehrsanbindung gibt. Die Interessenten meines Studiotyps sind reiche Leute, die überwiegend mit dem PKW zum Studio fahren.

1.3 Bestimmung von zwei Marktgebieten

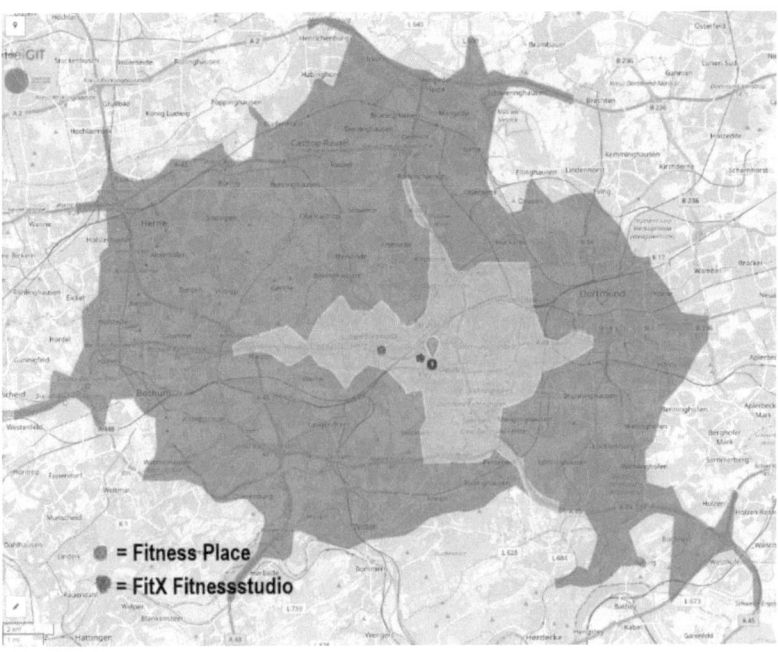

Abb. 1: Marktgebiete des Studios (eigene Darstellung erzeugt durch openrouteservice.org)

Das Marktgebiet wurde (mithilfe von „openrouteservice.org") mit der Zeit-Distanz-Methode festgelegt. Der grüne Bereich ist das Marktgebiet 1 mit einer Entfernung von 6 Minuten, mit dem PKW zur Hauptverkehrszeit, und der rote Bereich ist das Markgebiet 2 mit 12 Minuten Entfernung, mit denselben Voraussetzungen. Der blaue Pfeil zeigt den Standort meines Studios, der rote und blaue Punkt zeigen jeweils den Konkurrenten „Fitness Place" und „FitX" an. Ein Maßstab von 2km ist unten links in der Abbildung zu entnehmen.

1.4 Makroumfeldanalyse und Abschätzung des Marktpotenzials

Tab. 2: Eckdaten Dortmund

Kaufkraft	20.625€ pro Jahr, pro Kopf, verfügbares Einkommen (Stadt Dortmund, 2015)
Arbeitslosenquote	10,6% (Statistik der Bundesagentur für Arbeit, 2018)
Altersverteilung (Alter von – bis Jahren)	0-6: 5,4% 6-18: 10,7% 18-40: 29,6% 40-65: 34,4% 65 und älter: 20,0% Typische deutsche Urnenform (Stadt Dortmund, 2015)

Tab. 3: Einwohner im Marktgebiet 1 (Stadt Dortmund, 2015)

Stadt	Stadtteil/Bezirk	Einwohner
Dortmund	Dorstfeld	4.771
Dortmund	Eichlinghofen	4.483
Dortmund	Holte	1.213
Dortmund	Kirchlinde	3.115
Dortmund	Kley	3.408
Dortmund	Lütgendortmund	48.108
Dortmund	Marten	5.577
Dortmund	Oespel	4.307
Dortmund	Salingen	149
	Summe	75.131 Einwohner

Tab. 4: Einwohner im Marktgebiet 2 (Stadt Bochum, 2017. Stadt Castrop-Rauxel, 2018. Stadt Dortmund, 2015)

Stadt	Stadtteil/Bezirk	Einwohner
Dortmund	Innenstadtteile gesamt (inklusive Dorstfeld, Körne und Marten)	158.376
Dortmund	Eichlinghofen	4.483
Dortmund	Holte	1.213
Dortmund	Kirchlinde	3.115
Dortmund	Kley	3.408
Dortmund	Lütgendortmund (Stadtbezirk)	48.108
Dortmund	Persebeck	1.978
Dortmund	Oespel	4.307
Dortmund	Salingen	149
Dortmund	Menglinghausen	3.144
Dortmund	Huckarde	2.913
Dortmund	Brünninghausen	894
Dortmund	Löttringhausen (Nord und Süd)	1.873
Dortmund	Lücklemberg	4.795
Dortmund	Wichlinghofen	2.415
Dortmund	Wellinghofen	3.774
Dortmund	Hörde	3.567
Dortmund	Bövinghausen	5.601
Dortmund	Mengede (Stadtbezirk)	28.767
Castrop-Rauxel	Merklinde	1.124
Castrop-Rauxel	Obercastrop	6.212
Castrop-Rauxel	Schwerin	6.521
Castrop-Rauxel	Rauxel	10.808
Castrop-Rauxel	Frohlinde	3.426
Castrop-Rauxel	Bladenhorst	1.172
Castrop-Rauxel	Ickern	15.450
Werne	Gesamt	29.894
Laer	Gesamt	6.289
Herne	75% der Stadt	Ca. 118.000
Witten	Rüdinghausen	6.632
Witten	Annen	18.250
Witten	Heven	11.674
Bochum	Gerthe	9.375
Bochum	Riemke	7.604
Bochum	Querenburg	20.987

Stadt	Stadtteil/Bezirk	Einwohner
Bochum	Langendreer	25.933
Bochum	Altenbochum	12.133
Bochum	Wiemelhausen	18.246
Bochum	Innenstadt	16.983
Bochum	Harpen	8.804
Bochum	Grumme	12.946
Bochum	Hamme	15.389
Bochum	Hofstede	9889
Bochum	Hiltrop	867
	Summe	677.488

Im Markgebiet 1 gibt es 75.131 Einwohner. Im gesamten Marktgebiet 2 befinden sich 677.488 Einwohner. Wenn wir nun die Einwohner aus Marktgebiet 2 (nur äußerer, roter Bereich) errechnen möchten, ziehen wir von den gesamten Einwohnern, die aus Marktgebiet 1 ab (677.488 – 75.131 = 602.357). Zu den Einwohnern aus Marktgebiet 1 kommen zusätzlich noch 602.357 aus Marktgebiet 2.

Wir gehen von einem Marktpotenzial von 12% aus. Das ergibt in Marktgebiet 1 folgende Rechnung: 12% von 75.131 = 9.016 (Gewichtung von 100%)

Markgebiet 2 wird mit 70% gewichtet. Daher folgende Rechnung: 70% von 602.357 = 421.650. Für das Marktpotenzial gilt: 12% von 421.650 = 50.598

Daraus ergibt sich ein Gesamtmarktpotenzial von 59.614 (9.016 + 50.598).

1.5 Wettbewerbsanalyse

Tab. 5: Analyse der Mitbewerber

Studio	FitX-Fitnessstudio (fitx.de)	Fitness Place (fitnessplace-deutschland.de)
Produktpolitik	• Sehr modernes Design • 7 Trainingsbereiche / großes Trainingsangebot • Neuste Geräte (Techno-Gym) • In ganz Deutschland trainieren	• „the place to be" • Alles an einem Ort vorhanden • Angebot von Training & Ernährung
Positionierung	• Fitness für alle / gut für alle • „Unser größter Muskel ist unser Herz"	• „Super-Spar-Angebote" • Individuelle Beratung
Stärken	• Sehr günstig (20€ / Monat) • 24h lang geöffnet an 365 Tagen im Jahr	• Sehr breites Kursprogramm • Bieten Ernährungsanalysen an
Schwächen	• Sehr überlaufene Studios, durch hohe Mitgliedzahl • Keine hochqualifizierten Trainer (zusammenhängend mit dem Monatsbeitrag)	• Aktuell noch wenige Studios in Deutschland (vorwiegend Ruhrgebiet) • Kein Solarium Angebot
Vergleich mit eigenem Studio	• Eigenes Studio ist teurer, dafür gibt es nur (hoch-) qualifiziertes Personal • Insgesamt ist das eigene Studio weniger überlaufen, da weniger Mitglieder	• Komplette Trainings- und Ernährungsberatung auch bei uns • Großes Angebot bei uns (Kurse, Solarium, Wellners, …)

2 Marketingplanung

2.1 Budgetplanung

Die geplante Mitgliederzahl für das erste Geschäftsjahr beträgt 1.200 Mitglieder. Erfahrungsgemäß liegen die Marketingkosten pro Neukunde bei 60€ pro Mitglied.

Das Jahresmarketingbudget wird mit der Methode „Marketingkosten pro Neukunde" wie folgt berechnet: 1.200 Mitglieder x 60€ / Neukunde = 72.000€

Das Jahresmarketingbudget für das erste Geschäftsjahr beträgt 72.000€.

2.2 Kommunikationspolitik

Als Kommunikationsinstrumente der ersten Vermarktungskampagne wähle ich, wie vorgegeben, Werbung und dazu das Eventmarketing, sowie Online-Kommunikation.

Das Eventmarketing wurde gewählt, da hierdurch der Bekanntheitsgrad des zu eröffnenden Studios immens gesteigert werden kann und viele Leute erreicht werden können. Durch ein Event kann außerdem sofort eine Bindung zu potenziellen Mitgliedern aufgebaut werden und auch somit ein positives Image generiert werden.

Die Online-Kommunikation wurde gewählt, da sie das Marketing der Zukunft darstellt. Die meisten Leute informieren sich heutzutage direkt als erstes über ein Produkt/Unternehmen. Auch hiermit kann man die Reichweite des Studios stark erhöhen und Leute anwerben. Außerdem profitieren wir von dem Cross-Media-Effekt, wenn wir auf unterschiedlichsten Kanälen das Marketing betreiben.

Im Bereich Werbung setze ich auf Flyer und Plakate, die an unterschiedlichen Standorten verteilt und aufgehängt/ausgelegt werden. Auf diesen wird mit unserem Angebot, sowie dem Event „Fitness-Dinner" geworben.

Das Studio wird ab 01.05.2018 täglich besetzt sein, um mögliche Interessenten zu beraten und Mitgliedschaften abzuschließen.

Tab. 6: Eröffnungskampagne

Name der Kampagne: Mit Vollgas in den Sommer	
Ziel der Kampagne: Bekanntheitsgrad erhöhen, positives Image aufbauen, Mitgliedergewinnung, Aufbau der Homepage, Kundenbindung	
Aktionszeitraum: 01.05.2018 – 01.07.2018 (Studioeröffnung)	
Aktionsbeschreibung: Wer sich im Aktionszeitraum anmeldet, spart sich die Aufnahmegebühr von 80€. Wer zusätzlich zu unserem Fitness-Dinner kommt (Eintritt 20€) und sich anmeldet (oder schon angemeldet hat), bekommt den Eintritt auf sein Studiokonto (Konto für Essen, Shakes und zusätzliches) gutgeschrieben. Das Fitness-Dinner findet am Wochenende des 2. und 3. Juni statt, vorbereitet wird ein sportgerechtes Buffet mit Sektempfang, es werden Vorträge (über den Nutzen und die Vielfalt des Studios) gehalten und man kann sich an verschiedenen Ständen im Studio über das Angebot informieren. Dieses Event wird geplant, um viele Leute in das Studio zu ziehen und dementsprechend Mitgliedschaften zu garantieren. Für die Werbung werden Flyer und Plakate verteilt und ausgelegt/aufgehängt. Hierbei gilt auch wieder möglichst viele Leute auf unser Angebot aufmerksam zu machen. Die Leute sollen durch das Spar-Angebot aufmerksam gemacht werden. Außerdem werden eine Facebook und Instagram Homepage erstellt und täglich gepostet. Hierbei werden die Aktion und das Studio allgemein online beworben, um die Reichweite nochmals zu erhöhen und die Online-Nutzer (überwiegend jüngere) zu aktivieren. Tägliche Posts helfen dabei, bekannter zu werden.	

Datum	Planung	Bis wann
01.04.18	Design der Flyer u. Plakate	05.04.18
05.04.18	Plakate/Flyer Angebote einholen	07.04.18
08.04.18	Plakate/Flyer bestellen/liefern lassen	29.04.18
09.04.	Bei Geschäften/Einrichtungen zwecks Flyer/Plakate auslegen nachfragen	12.04.18
13.04.18	Erstellen/Ausarbeitung der Homepages	20.04.18
21.04.18	Ausarbeiten des Fitness-Dinners, Überlegungen zu Vorträgen, Studiodekoration und Einholen eines Catering-Angebotes	28.04.18
29.04.18	Auslegen/Aufhängen der Flyer/Plakate in Geschäften/Einrichtungen	30.04.18
01.05.18	3x pro Woche Promo-Touren durch ganz Dortmund durch Mitarbeiter	01.07.18
01.05.18	Täglich ein Post auf Facebook/Instagram über unser Studio und über die Aktion (Event)	01.07.18
31.05.18	Vorbereitung des Studios für das Event	01.06.18
02.06.	Event: Fitness Dinner, Durchführung des Events	03.06.18
01.07.2018	Studioeröffnung	-
Auswertung:	Wie viele Leute mit Flyer sind zu uns gekommen: X Wie viele Personen waren an den Abenden des Fitness-Dinners da: X Was für eine Reichweite konnten wir auf den Social-Media-Kanälen gewinnen: X Wie viele Leute haben sich angemeldet: X Und wie sind sie auf uns aufmerksam geworden: X	

2.3 Werbeplanung

Das Werbebudget ist 20% vom Jahresbudget (72.000€). Dies sind 14.400€. Die ersten beiden Werbemittel, die ich anwende sind Flyer/Flugblätter und Plakate. Werbeträger ist hier ganz klar die Außenwerbung, sowie das Direktmarketing. Im ganzen Marktgebiet werden Flyer ausgelegt und Plakate (z.b. an städtischen Anschlagsstellen) angebracht. Außerdem sind meine Mitarbeiter durch Promo-Touren im Direkt-Marketing tätig und verteilen Flyer und sprechen Leute an. Flyer und Plakate sind klassisch und simpel und man kann damit möglichst viele Leute mit wenig Kosten erreichen. Das dritte Werbemittel sind die Anzeigen, hierbei setze ich auf Online Plattformen (bezahlte Anzeigen auf Facebook und Instagram) als Werbeträger. Da meine Zielgruppe sehr breit gefächert ist, kann ich somit die Gruppe der Online-User erreichen. Der Bekanntheitsgrad steigt auf jeden Fall, auch wenn Anzeigen nur überflogen werden.

2.4 Kostenkalkulation / Budgetbergleich bei der Werbeplanung

Tab. 7: Kostenkalkulation Werbeplanung

Werbemittel	Anzahl	Kosten
Flyer (A5, Normaldruck, beidseitig)	60.000	489.50€ (diedruckerei.de)
Plakate (A1, guter Bilddruck)	1.000	210,89€ (diedruckerei.de)
Online Werbeanzeige (Facebook & Instagram)	40€ pro Tag, pro Plattform (Zeitraum 01.05. – 01.07.2018)	5.000€ (2.500€ für beide jeweils) (facebook.com)
Cateringservice für Event	500 Leute (15€ pro Person)	7.500€ (fantasty.de)
Kosten gesamt	13.200,39€	
Werbebudget/Planzahl	14.400,00€	
Differenz	+1.199,61€ übriges Werbebudget	

Die kalkulierten Kosten für die Werbemittel liegen im Budgetbereich, jedoch wurde es nicht komplett eingesetzt. Als erste Optimierungsmöglichkeit würde ich ein weiteres Werbemittel einsetzten, um die Vielfalt zu erweitern (z.b. Zeitungsanzeige für ältere Leute). Eine weitere Optimierungsmöglichkeit ist, das Kochen für das Event selber zu übernehmen, da der Cateringservice sehr viel Budget in Anspruch nimmt (über 50%) und man somit das Budget in andere (weitere) Werbemittel investieren kann.

2.5 Synergieeffekte im Rahmen der Kommunikationspolitik

Die Unternehmensgruppe kann in verschiedener Hinsicht Synergieeffekte im Rahmen der Kommunikationspolitik erzielen. Als erstes Beispiel in der Produktion von Flyern und Plakaten. Es gibt meistens Staffelpreise und das Unternehmen kann hierbei sparen, wenn alle Studios ihre Flyer/Plakate beim selben Anbieter bestellen. Ein weiteres Beispiel ist das Thema Online-Kommunikation. Hierbei kann man in der Unternehmensgruppe einheitlich Personal einsetzten, welches nur für die Online-Plattformen (Beispiel: Facebook und Instagram) aller Studios zuständig ist. Man spart sich auch hier wieder Kosten (für Schulungen) und kann Profis zentral für die Studios einstellen.

3 Abschlussstatement

Nachfolgend werde ich die einzelnen Unternehmenstypen kurz bewerten, im Hinblick auf den Standort Dortmund. Für das Gesundheitsstudio sehe ich gute Chancen, da es sich um ein kleineres Studio handelt, dass sich mit einem eigenen Konzept spezialisiert und dadurch zwar weniger Kunden, jedoch viel intensiver, betreuen kann. Gesundheitsstudios sind die Zukunft/der Trend unserer Branche. Beim Damenfitness-Studio sehe ich eher schlechte Voraussetzungen. In Dortmund (speziell im Marktgebiet) sind schon ein paar etablierte Damen-Studios vorhanden und man bräuchte ein sehr einzigartiges Konzept, oder eines das einzigartig und neu wirkt (Unique Communications Proposition), um zu überleben. Für das Mikrostudio mit Positionierung „Functional Training" stehen die Fakten sehr gut. Verhältnismäßig gibt es hier wenig Konkurrenz und das Marktgebiet (Zentrum) weist eine sehr große Bevölkerungsdichte auf, in der alle Altersgruppen vertreten sind. Außerdem weist das Studio durch seine Spezialisierung ein Alleinstellungsmerkmal auf. Das Durchsetzen unseres Studios im Discount Segment ist schwer zu beurteilen. Zwar liegt das Studio auch hier im größten Ballungsgebiet Dortmunds (Nordstadt), jedoch gibt es im direkten Umkreis mindestens 2 Mitbewerber, die unter dem Preis des Studios (16€ / Monat) eine Mitgliedschaft anbieten. Ich denke daher, dass dieses Studios ein sehr eigenes Konzept braucht, was jedoch beim vorgegebenen Mitgliedsbeitrag eine große Herausforderung darstellt. Dem von mir bearbeiteten Studio im Premium-Segment stehe ich positiv entgegen, da es wenig bis keine Konkurrenz gibt und durch die hervorragende Verkehrsanbindung mein Marktgebiet sehr groß ist. Somit das Marktpotenzial auch, denn das Studio grenzt an 3 Großstädte (Dortmund, Bochum und Castrop-Rauxel). Abschließend kann ich sagen, dass ich nicht alle Studios eröffnen würde, für das Discount-, sowie das Damen-Studio sehe ich schlechte Aussichten. Ich würde daher lieber noch ein EMS-Studio in die Unternehmensgruppe aufnehmen, da diese spezialisierten Studios Zukunftsmusik für unsere Branche sind und in Dortmund noch nicht überall (zum Beispiel im Norden oder Westen) vorhanden sind. Es kommt auf das Spezielle an, um in einer Stadt mit etablierten Studios zu gewinnen.

4 Literaturverzeichnis

Carlo Siebert & Martina Henze GbR. (Hrsg.). (2018). *Wie teuer ist Catering?* Zugriff am: 10.04.2018. Verfügbar unter http://fantasty.de/wie-teuer-ist-catering/

Facebook Inc. (Hrsg.). *Facebook Werbeanzeigen.* Zugriff am: 25.04.2018. Verfügbar unter https://www.facebook.com/business/products/ads

FitX Deutschland GmbH. (Hrsg.). (2018). *Unsere Trainingsbereiche.* Zugriff am: 10.04.2018. Verfügbar unter: https://www.fitx.de/trainingsbereiche

Heidelberg University. (Hrsg.). (2018.). *Openroute Service.* Zugriff am: 05.04.2018. Verfügbar unter https://maps.openrouteservice.org/directions

JMC Fitness GmbH. (Hrsg.). (2018). *Unsere Leistungen.* Zugriff am: 10.04.2018. Verfügbar unter https://www.fitnessplace-deutschland.de/

Landesbetrieb Information und Technik Nordrhein-Westfalen (IT.NRW). (2011). *Bevölkerungszahlen auf Basis des Zensus vom 9. Mai 2011.* Zugriff am: 10.04.2018. Verfügbar unter https://www.it.nrw.de/statistik/a/daten/bevoelkerungszahlen_zensus/index.html

Onlineprinters GmbH. (Hrsg.). (2018). Flyer, beidseitig bedruckt. Zugriff am: 08.04.2018. Verfügbar unter https://www.diedruckerei.de/k/flyer-beidseitig

Stadt Bochum. (Hrsg.). (2017). *Statistisches Jahrbuch der Stadt Bochum 2017.* Zugriff am: 15.04.2018. Verfügbar unter https://ww2.bochum.de/01/jahrbuecher/Statistisches_Jahrbuch_Bochum_2017.pdf

Stadt Castrop-Rauxel. (Hrsg.). (2018). *Stadtentwicklung.* Zugriff am: 20.04.2018. Verfügbar unter: https://www.castrop-rauxel.de/Inhalte/index.php

Stadt Dortmund. (Hrsg.). (2015). *Statistikatlas 2015.* Zugriff am: 04.04.2018. Verfügbar unter https://www.dortmund.de/media/p/statistik_3/statistik/veroeffentlichungen/jahresberichte/Statistikatlas_2015.pdf

Statistik der Bundesagentur für Arbeit. (Hrsg.). (2018). *Arbeitsmarkt im Überblick – Berichtsmonat März 2018 – Dortmund, Agentur für Arbeit.* Zugriff am: 08.04.2018. Verfügbar unter https://statistik.arbeitsagentur.de/Navigation/Statistik/Statistik-nach-Regionen/BA-Gebietsstruktur/Nordrhein-Westfalen/Dortmund-Nav.html

5 Abbildungs- und Tabellenverzeichnis

5.1 Abbildungsverzeichnis

Abb. 1: Marktgebiete des Studios (eigene Darstellung erzeugt durch openrouteservice.org) 4

5.2 Tabellenverzeichnis

Tab. 1: Unternehmenspolitik 3
Tab. 2: Eckdaten Dortmund 5
Tab. 3: Einwohner im Marktgebiet 1 (Stadt Dortmund, 2015) 5
Tab. 4: Einwohner im Marktgebiet 2 (Stadt Bochum, 2017. Stadt Castrop-Rauxel, 2018. Stadt Dortmund, 2015) 6
Tab. 5: Analyse der Mitbewerber 8
Tab. 6: Eröffnungskampagne 10
Tab. 7: Kostenkalkulation Werbeplanung 11

BEI GRIN MACHT SICH IHR WISSEN BEZAHLT

- Wir veröffentlichen Ihre Hausarbeit, Bachelor- und Masterarbeit

- Ihr eigenes eBook und Buch - weltweit in allen wichtigen Shops

- Verdienen Sie an jedem Verkauf

Jetzt bei www.GRIN.com hochladen und kostenlos publizieren